DU DROIT COMMUN

EN MATIÈRE

D'ANNONCES JUDICIAIRES

ET DE TIMBRE

PAR J. PALLE

Rédacteur du *Progrès*

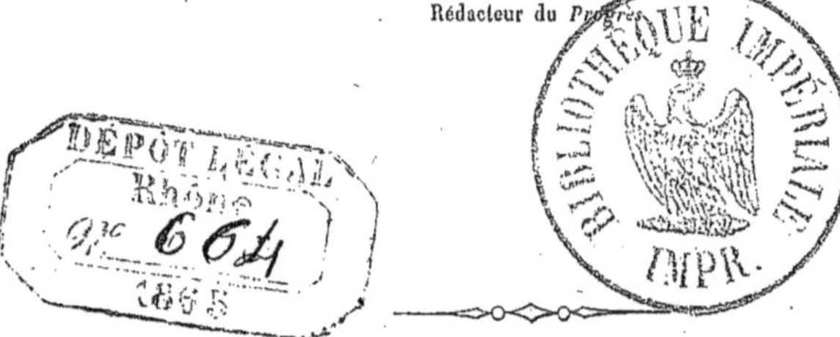

LYON

IMPR. Vᵉ CHANOINE, PLACE DE LA CHARITÉ, 10

1865

DU DROIT COMMUN

EN MATIÈRE

D'ANNONCES JUDICIAIRES

ET DE TIMBRE

I

MONOPOLE ET FAVORITISME.

Il ne faut pas se lasser de réclamer le droit commun. C'est en même temps protester contre le régime dictatorial ou de bon plaisir, qu'on n'a jamais eu la pensée d'éterniser en France et pour lequel il ne saurait y avoir de prescription.

Un peuple n'abdique pas. Dans les moments de péril, il peut donner des pouvoirs exorbitants, exceptionnels à l'homme de son choix et voiler momentanément la statue de la liberté. Cela ne peut durer. Le chef de l'Etat l'a si bien compris qu'il a proposé une constitution perfectible. C'est la plus révolutionnaire, quoi qu'on dise, que nous ayons eue en France. Jusque-là toutes les constitutions étaient faites pour l'éternité. Combien nous avons vu défiler de ces chartes éternelles de 1789 jusqu'à 1852 !

La constitution sera vraisemblablement modifiée ; nous en avons pour garant la promesse de l'empereur. Il appartient au suffrage universel de manifester, en toute occasion, sa volonté formelle de voir hâter le couronnement de l'édifice.

Un régime exceptionnel ne peut se justifier que par des raisons de salut public. Nous osons ajouter qu'il ne doit pas avoir deux poids et deux mesures. Si la loi frappe fort, qu'elle frappe également ; en d'autres termes, que le droit commun règne toujours... *dura lex sed lex.*

Il se fait grand temps que le régime exceptionnel qu'à tort ou à raison, — à tort selon nous, — on a cru nécessaire à la consolidation de l'ordre et d'une dynastie, cesse et avec lui toutes les lois restrictives des principes de 1789. L'esprit public éprouve le besoin d'être remis en possession de ses anciennes et impérissables libertés. Il ne faut pas attendre qu'il s'enfièvre et que, parodiant la chanson d'Harmodius, il dise : « Je prendrai mon bulletin d'électeur en guise de cartouche ; je le mettrai dans mon portefeuille comme dans une giberne et j'en userai contre le gouvernement de l'arbitraire. (1) »

C'est affaire au gouvernement de prendre ici encore la tête du mouvement comme il l'a fait déjà très-habilement en changeant notre régime économique, et de déclarer, en attendant la liberté complète, la suppression radicale de tous les priviléges, de tous les monopoles.

Le droit commun souffre une atteinte dans le monopole des *annonces judiciaires,* dans le favoritisme à l'endroit du *timbre.*

Il y a monopole puisque les préfets écartent arbitrairement tels journaux du bénéfice de la clientèle commune quand il s'agit de l'insertion des annonces judiciaires.

Il y a favoritisme puisque, avec toutes les qualités requises on peut être exclu ; — puisque la loi générale à l'endroit du timbre peut être éludée.

(1) Proudhon.

Il y a violation enfin de la liberté puisque le journaliste ou producteur ne peut s'aboucher avec son client ou consommateur.

Ajoutons que le monopole implique dans une large mesure une atteinte à la propriété et à l'égalité devant l'impôt.

De là à conclure à une double presse : l'une en possession du privilége, l'autre indépendante, il n'y a qu'un pas et nous le franchissons.

La presse privilégiée se divise : 1° en *officielle* payée directement par l'impôt; 2° en *officieuse* rémunérée à Paris par des allocations diverses (le *Moniteur* seul est désigné pour l'insertion des annonces judiciaires), et dans la province par une sorte de prélibation sous couleur de monopole d'annonces légales.

Ainsi parmi les journaux les uns se mettent appertement au service de l'Etat ou, ce qui n'est pas toujours la même chose, du gouvernement. — Et à cela il n'y a rien à dire pourvu que l'étiquette indique ce que contient le sac.

Les autres sont des entreprises particulières qui ont souvent changé de couleur avec les dynasties et dont les directeurs, doués de la vertu de l'héliotrope, se tournent invariablement du côté du soleil. Ils opinent d'ordinaire avec le gouvernement, mais d'ailleurs, conservant une certaine franchise de critique, ils affectent aux yeux du vulgaire une allure indépendante, sous prétexte qu'au lieu d'être rétribués ouvertement, ils ne reçoivent pour prix de leurs services qu'une dotation par ricochet sous le nom de privilége d'ANNONCES JUDICIAIRES.

Les autres, enfin, qu'ils servent telle opinion politique ou simplement et directement les intérêts des masses populaires, sont dits indépendants en ce sens qu'ils n'acceptent de subvention sous aucune forme ou dénomination de la part du gouvernement.

II

L'ÉGALITÉ DEVANT LE TIMBRE.

Une pétition sous le n° 276 et relative aux deux *Moniteurs*, fut adressée, l'année dernière, au sénat par M. Furet.

Le pétitionnaire considérait que le gouvernement, en se faisant journaliste, entreprenait une œuvre impossible, en même temps qu'il faussait ses rapports avec l'opinion publique.

M. le rapporteur s'efforça de démontrer que les privi_léges dont jouit la feuille officielle ne sont que la compensation des frais qui lui sont imposés par la reproduction *in extenso* des documents officiels et des débats parlementaires. Va donc pour le grand *Moniteur !*

Mais pour le petit *Moniteur* en sera-t-il de même ?

Cette affaire rappelle la soupe au caillou. D'abord il ne s'agit que d'une feuille simple. On n'y parle pas politique. Pour la politique il faut consulter le grand *Moniteur*.

Puis on traite quelques questions d'économie générale, sans bruit, sans fruit, comme par mégarde ; puis on fait de la haute économie, puis on obtient le privilége de publier, le premier, le bilan de la Banque de France, puis on double son format, puis on reçoit le compte rendu des séances du corps législatif avec les grands journaux, puis on expédie en province, puis en pays étrangers ; on le recommande aux préfets, on paie des porteurs sur la voie publique, on détache des voyageurs chargés d'organiser la vente... Tout cela ne serait rien qu'une concurrence, si la lutte était égale avec les autres journaux.

Mais le petit *Moniteur* politique, en France et au dehors, trouve le moyen d'être timbré à 6 centimes, de liquider les frais de poste, de payer la rédaction, de faire des remises aux entrepreneurs et aux marchands, en se vendant, tant en France qu'au dehors, 5 centimes le numéro. On ne comprend pas très-bien que le gouvernement vienne mettre en péril des propriétés considérables représentées par les journaux. On sait quel gros cautionnement est requis, quelles sommes sont absorbées par le timbre, les difficultés de la gérance, la responsabilité des signatures et les mille écueils semés par la législation actuelle sur la presse. Le petit *Moniteur* vit à couvert de toutes ces misères, et l'impôt en fait les frais. L'Etat était marchand de tabac, un peu entrepreneur, le voici journaliste.

Nous souhaiterions qu'il n'y eût pas en France deux poids et deux mesures, et nous réclamons avec M. Furet : ou bien que le timbre soit appliqué par une mesure générale, absolue ; ou bien que tous les journaux en soient exempts.

Le droit commun, s'il vous plaît ?...

Presque en même temps que se présentait au sénat la pétition au sujet du petit *Moniteur*, un député, M. Marcel, réclamait dans l'autre chambre l'affranchissement du timbre pour les feuilles et les brochures traitant d'économie sociale. M. Marcel attribuait à l'ignorance de l'économie politique la multiplicité des grèves et surtout les exigences irrationnelles, injustes, qui se manifestent quelquefois du côté des patrons — et souvent dans le camp des ouvriers.

L'honorable député estimait, et nous sommes de son avis, que la discussion des principes économiques, ensemble des intérêts des capitalistes et des travailleurs, éclairerait l'opinion publique.

Comment ! parce qu'un opuscule est sérieux, parce qu'on traite gravement des sujets graves, on serait condamné à une amende anticipée par l'entrepreneur du timbre ? Et les feuilles immondes, les livres frivoles, grivois, érotiques qui pullulent à côté sont affranchis de cette taxe onéreuse tout exprès pour livrer au peuple, et au plus bas prix possible, des lectures énervantes, corruptrices, au moins hébêtantes, quelquefois diffamatoires ?

Et qu'on ne croie pas que nous exagérions... A-t-on oublié la pétition au sénat et le discours de M. Dupin affirmant que « le mal déborde dans les rues, aux étalages, dans les kiosques, dans les gares, partout ?... »

Qu'on ne se méprenne pas sur notre pensée. Il est une série de journaux littéraires que nous approuvons complétement.

Moraliser en épinglant, et parfois en faisant rire..., c'est un beau rôle. Allez, armez-vous du fouet de la Némésis et fustigez la vénalité, l'hypocrisie, la corruption, l'immoralité, la lâcheté, mais ayez la visière levée et le front découvert ! Il est à craindre, il est vrai, de s'égarer dans les personnalités ; si vous agissez loyalement, en plein soleil, avec modération, avec esprit et humour... qui donc pourra s'en plaindre ?

En somme on n'attaque que les forts, et comme dit un proverbe étranger : « sans la meule, grain d'orge ne saurait ce qu'il contient de farine. » Cette littérature légère délasse des hautes préoccupations de la politique, de l'économie et de la morale. C'est là qu'on trouve des traces de la finesse gauloise qui est trop bannie des discours sérieux. Cette littérature a rendu, elle rendra toujours les meilleurs services. On lit, on rit, on est désarmé. Tout ce qu'on demande aux auteurs, c'est d'avoir de l'esprit et de la loyauté.

Mais à côté et à l'ombre de sa voisine, grandit et prospère une littérature anonyme, malsaine et qu'on pourrait appeler de *troisième catégorie.* Cela vit de scandale, cela sert les rancunes et les vengeances, cela diffame en ricanant, cela porte le trouble dans la société jusqu'à terroriser les honnêtes gens. Et quand, sous couleur de littérature, il se forme des repaires d'écrivains inavoués, inavouables, qui viennent gueuser dans les familles, comprend-on qu'on affranchisse ce commerce impur des charges qui pèsent sur la littérature sérieuse ?

Notre conclusion n'est pas que les journaux littéraires doivent être astreints à l'impôt du timbre — à ceux-là nous ne demandons que la signature des attaques et l'abandon de l'anonymat où les auteurs font mine de lâcheté — mais nous réclamons que les feuilles économistes qui peuvent réparer le mal des précédentes soient au moins mises sur pied d'égalité, c'est-à-dire affranchies du timbre.

M. le Ministre de l'intérieur ne pourrait-il — en attendant que le timbre disparaisse des journaux ou que cet impôt soit remplacé par une taxe proportionnelle sur les annonces et les abonnements — décider :

1° QUE LA LOI DE 1852 (CHAP. II, ART. 6) PORTANT QUE : *« Les journaux ou écrits périodiques... de moins de dix « feuilles seront soumis à un droit de timbre..... de six « centimes... dans les départements de la Seine et Seine-et- « Oise, et de trois centimes pour les journaux ou écrits périodiques publiés partout ailleurs »* sera appliquée aux journaux politiques *sans exception* ;

2° QUE LES FEUILLES LITTÉRAIRES OU TRAITANT D'ÉCONOMIE SOCIALE SERONT AFFRANCHIES DU TIMBRE.

III

LIBERTÉ DE L'INSERTION DES ANNONCES JUDICIAIRES.

Le chapitre III, article 23, de la loi de 1852, mentionne :

Les annonces judiciaires exigées par les lois pour la validité ou la publicité des procédures ou des contrats seront insérées, à peine de nullité de l'insertion, dans le journal ou les journaux de l'arrondissement qui seront dé-

signés chaque année par le préfet... Le préfet réglera en
même temps le tarif de l'impression des annonces.

L'autorisation de fonder un journal est estimée à Paris 100,000 francs, titre nu. En province, cela vaut de 10 à 50,000 francs. Il ne nous appartient pas de dire au juste quelles sont les questions auxquelles doivent répondre les postulants.

Avant d'entendre : *Ego te baptizo*, il faut avoir renoncé au satan de la révolution, aux pompes et aux œuvres des partis. Mais cela ne suffit pas. Là on ne veut qu'un journal et un journal officieux ; ici on daigne tolérer un seul journal d'opposition. Allez ailleurs planter votre tente, si mieux vous n'aimez acheter l'exploitation d'un des journaux privilégiés.

Si vous prenez ce parti, la cession d'un journal comprendra non-seulement la clientèle, mais le titre nu, l'autorisation. Encore un résultat du monopole : la vente à prix d'argent de ce qu'on a obtenu à titre gratuit.

Le *Moniteur* est, à Paris, désigné pour la publication officielle des annonces. C'est un monopole. Toutefois tous les journaux de la capitale, également exclus, vivent sur pied d'égalité, au moins à ce point de vue. Il est vrai qu'ils ont formé, en vue des annonces libres, diverses sociétés dont quelques-unes émargent de ce chef 300 à 400,000 francs. Ils ont ainsi trouvé le moyen de réparer l'injustice en constituant un autre monopole en regard de celui du gouvernement.

En province, les deux monopoles incombent naturellement aux mêmes entreprises. Comme l'avalanche acquiert de la force à mesure qu'elle s'écarte du point de départ, tout de même le monopole à distance grandit hors des yeux de ceux qui sont chargés de le modérer et frappe plus fort dans la province.

Rien ne ressemble moins à la politique que l'annonce judiciaire, sorte de tableau des transactions entre les commerçants ; rien ne paraît plus réfractaire à l'appropriation exclusive. Or, pendant qu'on décrète la presque liberté des échanges internationaux, pendant qu'on supprime les priviléges des courtiers, qu'on discute celui de la Banque, qu'on défend aux corps d'états la taxation *maxima* et le syndicat qui les ramèneraient à la corporation—pendant ce temps on maintient le monopole des annonces à des industries privées ; on force les clients à faire la fortune de journaux avec lesquels ils sont souvent en désaccord complet au point de vue de la politique.

Nous avons dit ce que vaut la simple autorisation de fonder un journal. Voyons ce que rapporte la dotation qui, sous le couvert d'annonces judiciaires, vient féconder des industries privilégiées au détriment de l'entreprise indépendante.

Le produit est relatif à l'importance des villes, cela va de soi. A Lyon, on a jugé à propos de partager le boni, qui est estimé à 120,000 francs plus ou moins, entre une feuille spéciale et deux journaux politiques quotidiens. C'est, selon la valeur de chaque feuille, un lucre assuré, net, de 30 à 50,000 francs. Il y a plus, les annonces judiciaires appellent les annonces volantes qui, soit calcul, soit inconscience du public, vont naturellement faire nombre à l'abri du monopole. Double profit.

Nos honorés confrères qui font montre de temps à autre de libéralisme, voire de jacobinisme ou se réclamant tout au moins des principes égalitaires de 89, n'ont pas, que nous sachions, protesté contre ce reliquat de privilége féodal qui les enrichit.

Du sein du monopole, comme le rat dans son fromage, ils semblent nous dire :

> Dieu (*lisez* : l'état) prodigue ses biens
> A ceux qui font vœu d'être siens.

Entre temps, la presse que nous appelons indépendante et qui, ne faisant vœu de se donner à qui que ce soit, cherche dans la simplicité de son cœur le bien public, cette presse, disons-nous, n'a ni récompenses ni immunités. Par compensation elle est obligée pour vivre de faire montre de toutes les vertus, de tous les talents. Ainsi que l'a très-franchement avoué M. de Persigny en un jour d'épanchement, l'administration tient comme la Parque antique les fils de sa destinée qu'elle allonge, raccourcit et brise, selon son bon plaisir. Nous n'accusons personne, nous savons gré des bonnes intentions, nous avons vu plusieurs ministres user avec une louable modération de ce droit exorbitant. Mais « au cata- « logue des saints, nous voudrions voir moins de bienfai- « teurs et plus de justiciers. » Appelez un juge à prononcer dans sa propre cause, et quelque intègre qu'il soit, vous verrez de quel côté il opinera.

Comme l'écrivain doit mûrir sa pensée, tourner sa phrase septante fois sept fois, selon les préceptes du sage, émonder, corriger son style pour ne rien dire qui blesse, pour faire entendre plus qu'il ne dit! A ce point de vue, nous osons affirmer que la législation de 1852 a fait faire à la presse périodique un véritable progrès. Il n'est pas rare de rencontrer dans les bons journaux des articles qui ne dépareraient pas les modèles classiques du grand siècle.

A force de nous préoccuper de politique, nous avions perdu de vue l'économie sociale. L'irresponsabilité ministérielle a changé les conditions de la critique et ramené à l'économie les forces vives qu'elle détournait de la politique.

En aucun temps les grandes questions d'avenir n'ont été élucidées avec autant de soin, jamais on ne donna moins prise à l'utopie. Il ne nous en coûte nullement de reconnaître que le gouvernement a vu clair de ce côté, qu'il a suivi les inspirations de l'opinion publique et souvent dirigé le mouvement. La législature prochaine verra éclore divers projets de réforme.

Il faut rendre à la presse indépendante cette justice, qu'elle a attaqué les abus à ses risques et périls, préparé la voie nouvelle, élucidé les questions, et obtenu dans une large mesure la suppression des monopoles, reste de la féodalité.

Mais parce que la presse indépendante a bien mérité du pays, est-ce raison pour la condamner au pain sec et à l'eau claire ?

IV

CONCLUSION.

Nous allons conclure. En remontant les séries dont nous avons tiré des inductions sommaires, nous avons vu que la presse monopolisée et rémunérée produit des fruits amers. « L'aubépine ne donne pas des figues », dit l'Écriture.

Au point de vue de l'économie générale, elle menace et viole la propriété, détourne la clientèle, organise une concurrence déloyale : système protectionniste à l'intérieur — *spoliation*.

A ceux qui trouveraient l'expression trop forte, nous dirons comme Harpagon à Elise :

« Est-ce le mot ou la chose qui vous fait peur ? »

Au point de vue politique, que doit être une presse privilégiée ? — On le devine. Proudhon en a tracé un tableau saisissant, qu'il a emprunté vraisemblablement à la législation russe : « La société, dit-il, à défaut d'une opinion libre souveraine, repose sur l'intrigue et l'agiotage... Tel est le paradis du journalisme vénal, cultivant à la fois la servilité politique, la spéculation bancocratique, la réclamation industrielle et littéraire, l'intrigue rationaliste, le *pouf* philanthropique et toutes les variétés du charlatanisme. »

L'empereur a fait appel plusieurs fois à l'initiative individuelle. — Comment cela se peut-il si les individus ne sont pas guidés, éclairés par la presse ? D'autre part. M. de Persigny a réclamé que le contrôle de la presse s'étendît non-seulement aux préfets mais aux ministres. — Comment obtenir une critique sincère d'une presse rémunérée ? — FAVORITISME. — *Servilité.*

Au point de vue de la morale... est-il besoin de courage dans une enceinte fortifiée ? A quoi bon déployer les ressources du génie quand de par l'administration la clientèle doit aller moudre à son moulin ?

D'un autre côté, s'il est vrai que c'est par la raison, le droit et l'indépendance tout ensemble que l'homme s'améliore et s'élève en dignité, comment attendre de saines maximes de la part de traitants qui ne travaillent qu'en vue de la fortune ? — MERCANTILISME — *corruption.*

Encore une fois, nous n'incriminons personne ; nous égrenons le chapelet du monopole. Les hommes valent souvent mieux que les choses qui les mènent. On peut en rencontrer, même dans la voie du privilége, qui se sont fait une conviction, qui sont doués des meilleures intentions. Quant à l'indépendance, c'est autre chose — « cela n'impose qu'aux gens qui ne sont pas d'ici. »

En résultat, puisqu'il est démontré que le système protecteur ou de monopole est nuisible à la presse aussi bien qu'au développement du commerce, de l'agriculture et de l'industrie, qu'il équivaut pour l'entreprise protégée à un brevet d'incapacité, qu'il engendre la vénalité, et pis que cela, que n'étend-on la réforme à la presse rémunérée ?

Il y a quelques jours à peine que M. le ministre de l'intérieur, en recommandant à MM. les préfets l'usage des communiqués, se réclamait du *droit commun* qui veut que la défense ait lieu là où s'est produite l'attaque. Rien de mieux, et nous approuvons cette judiciaire. Mais, en si bon chemin, pourquoi s'arrêter ?

Y aurait-il témérité à demander à Son Excellence M. La

Valette de nous rendre le droit commun en matière d'*annonces judiciaires*? Quand une industrie rapporte un bénéfice à l'Etat comme les tabacs, les poudres, les postes, etc., on peut contester l'opportunité du monopole, mais en fin de compte cela profite à la communauté.

Le privilége des annonces n'est profitable qu'à des industriels. L'administration constitue une dotation au profit de quelques particuliers, et du même coup elle ruine l'industrie similaire qui veut rester libre de ses actes dans la limite des lois du pays.

Plaise donc à M. le ministre de l'intérieur, en attendant qu'un sénatus-consulte ou une nouvelle loi ait modifié l'art. 23 du décret de 1852 sur les *annonces judiciaires*, de prendre l'arrêté suivant :

« Art. 1er. *A dater du 1er janvier 1866, les préfets dési-*
« *gneront tous les journaux politiques de leur département*
« *pour l'insertion légale des annonces.*

« Art. 2. *Les nombreux intéressés à la publication des*
« *annonces judiciaires ne devant pas être astreints à lire*
« *tous les journaux politiques, il sera publié une feuille*
« *spéciale ou fascicule contenant un résumé fait sous la*
« *surveillance de l'autorité judiciaire, et à prix réduit, de*
« *toutes les annonces légales, avec rappel du journal auquel*
« *on les aura empruntées.*

J. PALLE.

Impr. Ve Chanoine, Lyon.